Patrick Rosenthal

DAS INOFFIZIELLE
KOCHBUCH
ZU
GAME OF THRONES

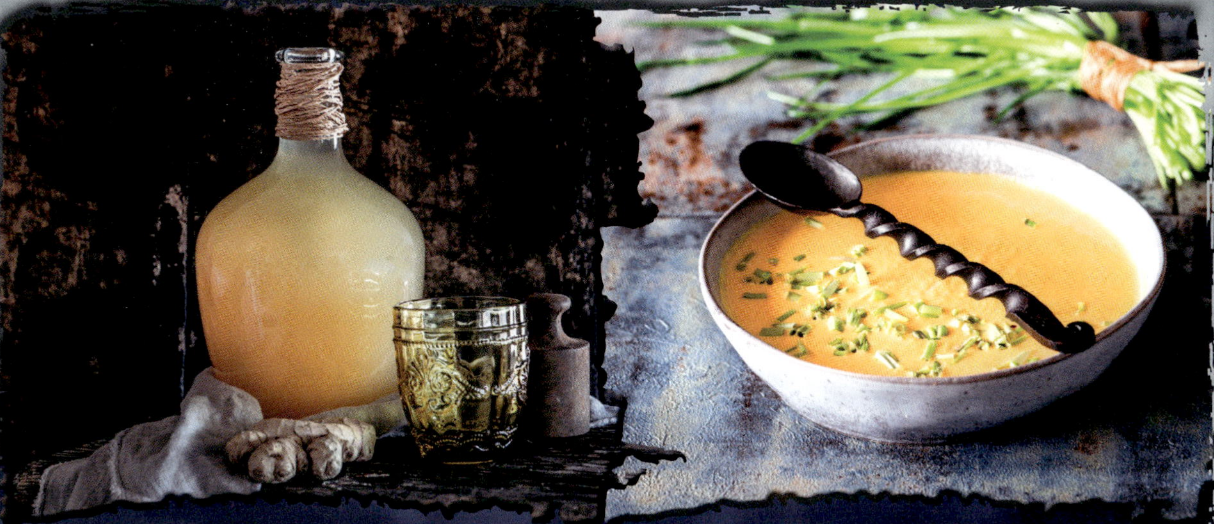

Patrick Rosenthal

DAS INOFFIZIELLE KOCHBUCH ZU GAME OF THRONES

50 fantastische Gerichte

riva

Dieses Buch ist kein offizielles Lizenzprodukt und wurde vom Rechteinhaber nicht autorisiert, genehmigt oder lizenziert.

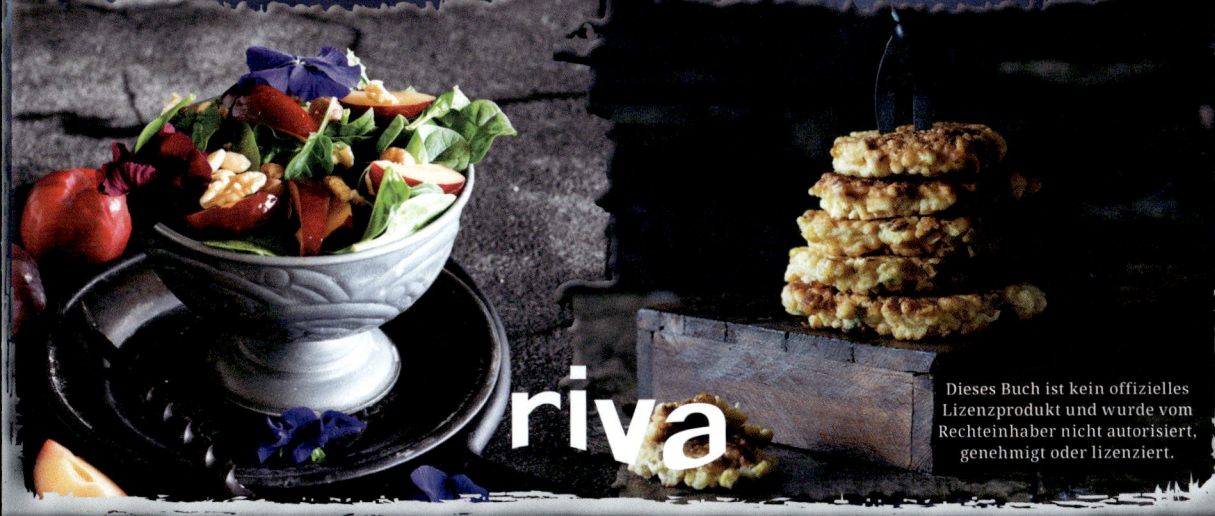

Bibliografische Information der Deutschen Nationalbibliothek
Die Deutsche Nationalbibliothek verzeichnet diese Publikation in der Deutschen Nationalbibliografie.
Detaillierte bibliografische Daten sind im Internet über http://dnb.d-nb.de abrufbar.

Für Fragen und Anregungen
info@rivaverlag.de

Originalausgabe
1. Auflage 2019
© 2019 by riva Verlag, ein Imprint der Münchner Verlagsgruppe GmbH
Nymphenburger Straße 86
D-80636 München
Tel.: 089 651285-0
Fax: 089 652096

Redaktion: Caroline Kazianka
Umschlaggestaltung: Laura Osswald
Umschlagabbildung: Patrick Rosenthal, Künzell; tomertu/Shutterstock.com, Marta Jonina/Shutterstock.com
Layout und Satz: inpunkt[w]o, Haiger (www.inpunktwo.de)
Druck: Florjancic Tisk d.o.o., Slowenien
Printed in the EU

ISBN Print 978-3-7423-1029-3
ISBN E-Book (PDF) 978-3-7453-0459-6
ISBN E-Book (EPUB, Mobi) 978-3-7453-0460-2

Weitere Informationen zum Verlag finden Sie unter

www.rivaverlag.de

Beachten Sie auch unsere weiteren Verlage unter www.m-vg.de

Inhalt

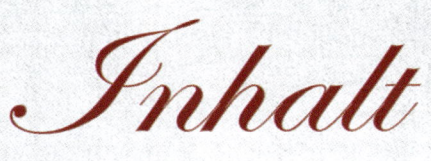

Desserts & Süßes 75

Getränke 97

Vorwort

Ich heiße Patrick und bin bekennender Serien-Junkie. Ist eine Staffel meiner Lieblingsserie vorbei, kann ich es kaum erwarten, bis die nächste endlich ausgestrahlt wird. Und nach manch einem Staffelfinale entsteht eine innerliche Leere und die Frage »Warum ist sie denn jetzt schon zu Ende?«. Oft erwische ich mich auch dabei, wie ich die Suchmaschinen im Internet nutze, um vielleicht doch noch eine positive Nachricht zu erhaschen, dass die Serie weitergehen könnte. Kennt ihr, oder? Was soll man denn ohne die Sieben Königslande machen, die einen die letzten Jahre begleitet haben? Was ohne die Starks, Lennisters und Baratheons anstellen? Mir fehlt das Mitfiebern um den offenen Thronkampf. Wie die Länge der Jahreszeiten in der fiktiven Welt sind die Handlungsstränge und das nächste Todesopfer nicht vorhersehbar. Für mich ist jede Folge Spannung pur.

Was aber tun, wenn mehrere Monate zwischen den einzelnen Staffeln liegen? Ganz klar: wenigstens gut essen und trinken. Und so ist dieses Kochbuch entstanden. Die Zeit bis zum Staffelfinale habe ich genutzt, um mich mit Arya, Sansa, Jon, Tyrion und den anderen Charakteren an die große Tafel zu setzen und zu speisen.

HAUPT-SPEISEN

Deftige Käsetörtchen

KLEINE KÄSETÖRTCHEN MIT FRISCHEN KRÄUTERN SIND DOCH IMMER ETWAS FEINES, ODER? KLAR, DASS DIE LORDS UND LADYS GANZ BEGEISTERT WAREN, ALS SIE DIESE KOSTETEN.

ZUTATEN FÜR 6 KLEINE QUICHE-FORMEN, DURCHMESSER 8 CM, ODER 1 QUICHE-FORM, DURCHMESSER 24 CM

FÜR DEN TEIG

100 g kalte Butter
200 g Mehl
1 Eigelb
1 Prise Salz
2 EL kaltes Wasser
etwas Fett für die Form
Linsen/Erbsen zum Blindbacken

FÜR DEN BELAG

2 Schalotten
1 EL Olivenöl
300 g Gruyèrekäse am Stück
150 g Frischkäse
125 ml Milch
5 Eier
1 Zweig Salbei
1 Zweig Thymian
1 Zweig Rosmarin
Salz
Pfeffer
geriebene Muskatnuss

1. Für den Teig die kalte Butter würfeln und zusammen mit dem Mehl, dem Eigelb, dem Salz und dem Wasser in eine Schüssel geben. Mit den Händen zu einem glatten Teig verkneten. Teig zu einer Kugel formen und 1 Stunde in den Kühlschrank stellen.

2. Den Backofen auf 200 °C Ober-/Unterhitze vorheizen.

3. Für den Belag zunächst die Schalotten schälen und fein würfeln. Das Öl in einer Pfanne erhitzen und die Zwiebeln darin anschwitzen, dann herausnehmen und beiseitestellen.

4. Den Gruyère reiben.

5. In einer Schüssel Frischkäse mit der Milch und den Eiern verrühren. Die Kräuter waschen, trocken schütteln und hacken. Dann unter die Eiermischung heben. Mit Salz, Pfeffer und Muskat würzen.

6. Den Teig zwischen 2 Lagen Backpapier ausrollen. Die Quicheförmchen einfetten und jeweils mit Teig auslegen, dabei einen Rand formen. Backpapier in Größe des Bodens der Form zurechtschneiden, auf den Teig legen und mit trockenen Erbsen oder Linsen beschweren. Den Teigboden im Backofen 12 Minuten blind backen.

7. Die Form aus dem Ofen holen und die Temperatur des Backofens auf 180 °C herunterschalten. Die Hülsenfrüchte und das Backpapier entfernen.

8. 250 g geriebenen Käse unter die Eiermischung heben.

9. Die Schalotten auf dem Boden verteilen, die Eiermischung darübergießen, mit dem restlichen Käse bestreuen und Quiche im Backofen in 30–40 Minuten goldbraun backen.

In Speck gewickelte Forelle

Eine in speck gewickelte forelle war ein ziemlich exquisites Abendessen, denn Fisch war teuer und galt an höfischen Tafeln als Delikatesse. Die strengen christlichen Fastenregeln im Mittelalter verboten auch Fleisch, erlaubten dagegen aber Fisch.

Zutaten für 4 Portionen

2 Zweige Petersilie
2 ganze Forellen, küchenfertig
600 g Speck in Scheiben
50 g Butter

1. Den Backofen auf 175 °C Umluft vorheizen.

2. Die Petersilie waschen und trocken schütteln.

3. Die Forellen waschen, mit Küchenpapier trocken tupfen und jeweils 1 Petersilienzweig in die Bauchhöhlen stecken.

4. Die Speckscheiben leicht überlappend nebeneinander auf die Arbeitsfläche legen, die Forellen darauflegen und die Fische mit Speck ummanteln.

5. Butter in einer Pfanne erhitzen und die Forellen darin bei mittlerer Hitze von beiden Seiten jeweils 5–8 Minuten (je nach Größe der Fische) goldbraun braten.

Auerochse à la Winterfell

SIEGE UND ERTRAGREICHE ERNTEN: DAS WURDE IN WINTERFELL AM GRÖSSTEN GEFEIERT. DIESMAL WURDE RICHTIG ÜPPIG AUFGETRAGEN. ES WAR SO VIEL, DASS DIE MENSCHEN VON JEDEM GERICHT NUR EIN BISSCHEN PROBIEREN KONNTEN. SCHLIESSLICH BRAUCHTEN SIE NOCH PLATZ FÜR DEN GEBRATENEN AUEROCHSEN.

ZUTATEN FÜR 4 PORTIONEN

1 Rollbraten vom Rind (ca. 1 ½ kg)
Salz
Pfeffer
1 EL Senf
2 EL Öl
150 ml trockener Rotwein
3 Knoblauchzehen
150 ml Rinderbrühe
6 Stangen Lauch
6 Karotten (gelb und orange)

1. Den Backofen auf 180 °C Umluft vorheizen.

2. Den Braten rundum mit Salz und Pfeffer würzen, dann mit Senf einreiben.

3. Öl in einem Bräter erhitzen und den Braten darin von allen Seiten scharf anbraten. Dann mit Rotwein ablöschen und diesen etwas einkochen lassen.

4. Knoblauch schälen, fein hacken und zum Rotwein geben. Die Brühe angießen.

5. Den Braten im geschlossenen Topf für 2 Stunden in den Backofen stellen. Dabei alle 30 Minuten nachschauen und ggf. etwas Wasser zugeben.

6. Währenddessen Lauch und Karotten putzen, waschen und in feine Streifen bzw. Scheiben schneiden. In den letzten 30 Minuten zum Braten geben und alles fertig schmoren lassen.

7. Den Bratensaft vor dem Servieren mit Salz und Pfeffer abschmecken und eventuell mit etwas Speisestärke andicken.

Speck-Rindfleisch-Pastete

WIR WISSEN ALLE, DASS GAGES RINDFLEISCHPASTETEN DIE ALLERBESTEN SIND. DIESE HIER SCHMECKT ALLERDINGS SO LECKER, DASS ES MICH NICHT WUNDERN WÜRDE, WENN ER SEINE REZEPTUR NOCH EINMAL ANPASSEN WÜRDE UND BURG WINTERFELL EINE NEUE LIEBLINGSSPEISE ERHÄLT.

ZUTATEN FÜR 1 RUNDE FORM, DURCHMESSER CA. 18 CM

- 700 g TK-Blätterteig, aufgetaut
- 3 EL Mehl + etwas für die Arbeitsfläche
- 600 g Rindfleisch
- 100 g Speck
- 1 Zwiebel
- Salz
- Pfeffer
- 1 TL getrockneter Thymian
- 150 ml Rotwein
- etwas Fett für die Form
- 1 Ei
- 2 TL Wasser

1. Den Blätterteig auf einer leicht bemehlten Arbeitsfläche 2 mm dünn ausrollen und 2 Kreise mit 20 cm Durchmesser ausschneiden.

2. Den Backofen auf 200 °C Ober-/Unterhitze (180 °C Umluft) vorheizen.

3. Das Rindfleisch in mundgerechte Stücke schneiden.

4. Den Speck klein würfeln und in einer Pfanne bei mittlerer Hitze anbraten. Die Zwiebel schälen, ebenfalls klein würfeln und zum Speck geben. Das Rindfleisch dazugeben, kurz von allen Seiten anbraten und alles mit Salz, Pfeffer und Thymian würzen.

5. Den Rotwein angießen und 10 Minuten einkochen lassen. 3 EL Mehl gründlich einrühren, die Soße einmal aufkochen und andicken lassen. Mischung abkühlen lassen.

6. Eine runde, leicht gefettete Backform mit 1 Blätterteigkreis auslegen und die Seiten etwas andrücken. Fleischmasse in die Mitte geben, die zweite Teigplatte auflegen und an den Rändern festdrücken, sodass die Pastete rundherum geschlossen ist.

7. Das Ei in einer Tasse mit dem Wasser verquirlen und die Teighaube damit einpinseln. Pastete 30–40 Minuten im Ofen backen.

Fischeintopf im Brotlaib

Ganz klassisch wurde dieser Eintopf mit Lauch, Graupen, Karotten, Muscheln und Krebsfleisch zubereitet und in einem altbackenen, ausgehöhlten Brotlaib angerichtet.

Zutaten für 4 Portionen

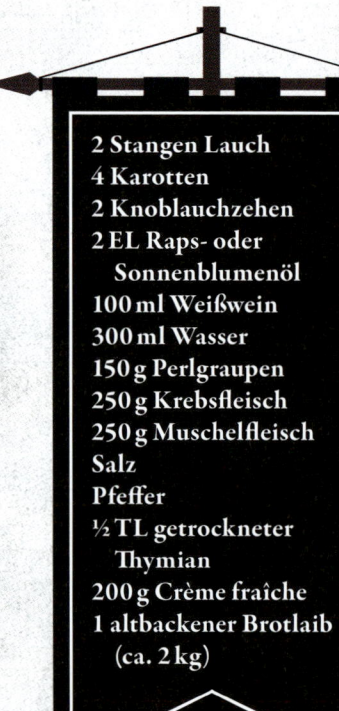

2 Stangen Lauch
4 Karotten
2 Knoblauchzehen
2 EL Raps- oder
    Sonnenblumenöl
100 ml Weißwein
300 ml Wasser
150 g Perlgraupen
250 g Krebsfleisch
250 g Muschelfleisch
Salz
Pfeffer
½ TL getrockneter
    Thymian
200 g Crème fraîche
1 altbackener Brotlaib
    (ca. 2 kg)

1. Lauch und Karotten putzen und waschen. Lauch in Ringe und Karotten in Scheiben schneiden. Den Knoblauch schälen und fein hacken.

2. Öl in einem großen Topf erhitzen. Lauch, Knoblauch und Karotten darin 5 Minuten andünsten. Mit Weißwein und Wasser ablöschen und aufkochen lassen. Die Perlgraupen dazugeben und alles 10 Minuten köcheln lassen.

3. Krebsfleisch und Muschelfleisch einrühren und Eintopf weitere 10 Minuten köcheln lassen. Mit Salz, Pfeffer und Thymian würzen.

4. Sollte noch zu viel Flüssigkeit im Topf sein, etwas davon abschütten. Dann die Crème fraîche unterrühren.

5. Den Brotlaib aushöhlen, den Fischeintopf in das Brot füllen und servieren.

Bohneneintopf mit Speck

So ein deftiger Bohneneintopf durfte an keiner Tafel fehlen.
Speck, Kartoffeln und Bohnen – so liebten es die Männer aus
den Sieben Königslanden.

Zutaten für 4 Portionen

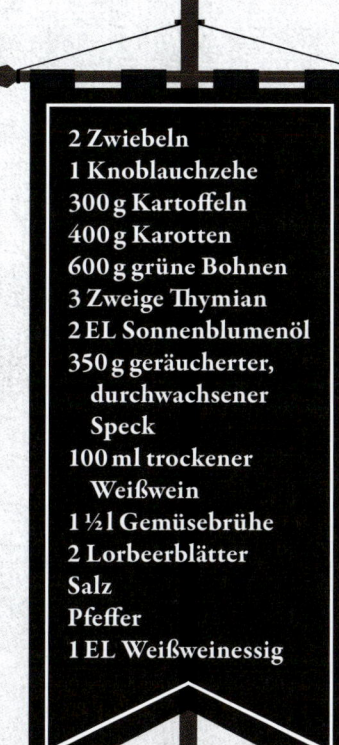

2 Zwiebeln
1 Knoblauchzehe
300 g Kartoffeln
400 g Karotten
600 g grüne Bohnen
3 Zweige Thymian
2 EL Sonnenblumenöl
350 g geräucherter,
    durchwachsener
    Speck
100 ml trockener
    Weißwein
1 ½ l Gemüsebrühe
2 Lorbeerblätter
Salz
Pfeffer
1 EL Weißweinessig

1. Zwiebeln und Knoblauch schälen und fein würfeln. Kartoffeln schälen, waschen und in grobe Würfel schneiden. Karotten putzen, schälen und in Scheiben schneiden. Bohnen putzen, waschen und je nach Größe eventuell halbieren. Thymian waschen und trocken schütteln.

2. Öl in einem großen Topf erhitzen, Speck klein würfeln und darin knusprig auslassen. Zwiebeln, Knoblauch und Kartoffeln zufügen und andünsten. Mit Weißwein ablöschen, Brühe angießen und alles aufkochen lassen. 20 Minuten bei mittlerer Hitze köcheln lassen.

3. Lorbeerblätter und Thymian zugeben und Eintopf mit Salz und Pfeffer würzen.

4. Nach 5 Minuten die Bohnen und nach 10 Minuten die Karotten zufügen, dann den Eintopf zu Ende garen. Lorbeerblätter und Thymianzweige entfernen und Eintopf mit Salz, Pfeffer und Essig abschmecken.

Wildschwein-Steaks

LADY ALERIE VERSUCHTE SANSA MIT EINEM KLEINEN BISSEN WILDSCHWEIN UND EINEM ZITRONENKUCHEN ZU ÜBERREDEN, ENDLICH WIEDER ETWAS ZU ESSEN. WER KANN BEI SO EINEM GEBRATENEM STÜCK FLEISCH SCHON »NEIN« SAGEN?

ZUTATEN FÜR 4 PORTIONEN

2 Knoblauchzehen
4 Wacholderbeeren
1 Zweig Thymian
4 Wildschwein-Steaks
  à 200 g
5 EL Olivenöl
½ TL gemahlener
  Pfeffer
2 Lorbeerblätter
50 ml Raps- oder
  Sonnenblumenöl
½ TL Salz

1. Den Knoblauch schälen und in Scheiben schneiden. Die Wacholderbeeren im Mörser zerstoßen. Den Thymian waschen und trocken schütteln.

2. Die Wildschwein-Steaks mit Olivenöl bestreichen und mit Pfeffer und Wacholderbeeren bestreuen. Nebeneinander in eine Schüssel legen, den Thymian, die Lorbeerblätter und die Knoblauchscheiben darauflegen und das Fleisch abgedeckt mindestens 2 Stunden im Kühlschrank marinieren lassen.

3. Öl in einer großen Pfanne erhitzen. Die Steaks aus der Marinade heben und von beiden Seiten 3–4 Minuten scharf anbraten, dann salzen. Pfanne vom Herd nehmen und Steaks zugedeckt 5 Minuten ruhen lassen.

4. Dazu passt ein Wildkräutersalat aus zum Beispiel Estragon, Dill, Basilikum und Kerbel.

Bierhammel im Brotlaib à la Castle Black

HOBBS, DER KOCH VON CASTLE BLACK, MACHTE EINFACH DEN BESTEN HAMMEL IN EINER DICKEN BRÜHE AUS BIER UND ZWIEBELN. NOCH BESSER, WENN DER HAMMEL IN EINEM BROTLAIB SERVIERT WIRD!

ZUTATEN FÜR 4 PORTIONEN

500 g Lammfleisch
200 ml Wasser
200 ml dunkles Bier
200 g Silberzwiebeln
100 g Graupen
1 TL Salz
2 EL Raps- oder
    Sonnenblumenöl
1 großer Laib Brot

1. Lammfleisch in mundgerechte Stücke schneiden.

2. Wasser und Bier in einem großen Topf erhitzen. Silberzwiebeln, Graupen und Salz zugeben und alles 30 Minuten köcheln lassen.

3. In der Zwischenzeit das Öl in einer Pfanne erhitzen und das Lammfleisch darin von allen Seiten anbraten. Lammfleisch in den Topf geben.

4. Das Brot aushöhlen und den Eintopf hineinfüllen.

Schweineklöße mit Johannisbeeren

Kleine Kanonenkugeln nannte man diese leckeren Fleischbällchen im Mittelalter. Wahrscheinlich waren sie der Vorreiter für unser Fingerfood.

Zutaten für 4 Portionen

100 g Schwarze Johannisbeeren
1 kg Schweinehackfleisch
3 Eier
Salz
Pfeffer
1 Prise geriebene Muskatnuss
1 Prise Nelkenpulver
5 EL Öl
50 ml Mandelmilch
100 ml Rinderbrühe

1. Die Johannisbeeren waschen, entstielen, grob zerhacken und zusammen mit dem Hackfleisch, den Eiern, Salz, Pfeffer, Muskatnuss und Nelkenpulver in einer Schüssel zu einem Fleischteig verkneten. Aus der Masse 5 cm große Bällchen formen.

2. 5 EL Öl in einer Pfanne erhitzen und die Fleischbällchen darin rundum goldbraun und gar braten.

3. Mandelmilch und Rinderbrühe in einem Topf verrühren und erhitzen.

4. Die Fleischbällchen auf einer Platte anrichten und mit der Mandelmilchmischung übergießen.

Forelle im Knuspermantel

Dudelsackmusik und Trommelgeräusche luden die Gäste dazu ein, bei einer Hochzeit das Tanzbein zu schwingen. Zur Stärkung verzehrten sie vorher noch Forelle in einer knackigen Mandelkruste.

Zutaten für 4 Portionen

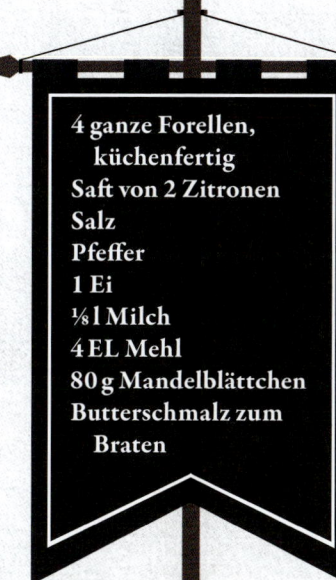

4 ganze Forellen, küchenfertig
Saft von 2 Zitronen
Salz
Pfeffer
1 Ei
⅛ l Milch
4 EL Mehl
80 g Mandelblättchen
Butterschmalz zum Braten

1. Die Forellen waschen, mit Küchenpapier trocken tupfen und außen mit Zitronensaft beträufeln. Mit Salz und Pfeffer würzen.

2. Das Ei in einer flachen Schüssel verquirlen. Die Milch in eine zweite Schüssel gießen, Mehl und Mandelblättchen jeweils auf Teller geben.

3. Die Forellen zuerst in der Milch, dann in Mehl, Ei und schließlich den Mandeln wenden.

4. Butterschmalz in einer Pfanne erhitzen und die Forellen darin bei mittlerer Hitze von beiden Seiten 12–15 Minuten braten.

SUPPEN

Klare Ochsenschwanzsuppe

Im Mittelalter galt die Ochsenschwanzsuppe als kraftspendende Suppe. Zusammen mit etwas Sommergemüse, Trauben, Fenchel und Käse war schnell ein sättigendes Abendmenü zubereitet.

ZUTATEN FÜR 4 PORTIONEN

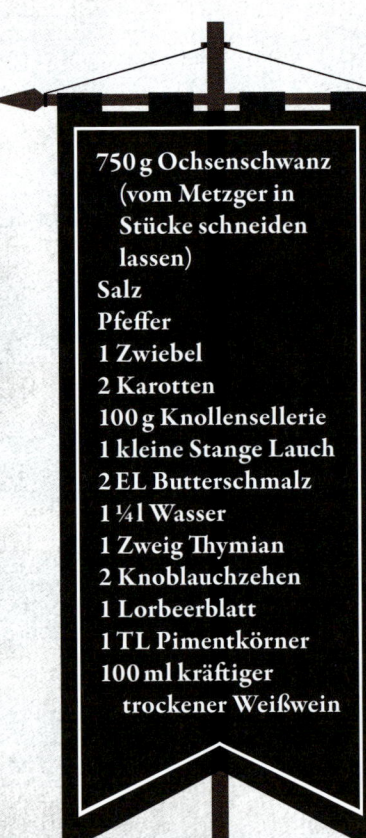

750 g Ochsenschwanz
(vom Metzger in
Stücke schneiden
lassen)
Salz
Pfeffer
1 Zwiebel
2 Karotten
100 g Knollensellerie
1 kleine Stange Lauch
2 EL Butterschmalz
1 ¼ l Wasser
1 Zweig Thymian
2 Knoblauchzehen
1 Lorbeerblatt
1 TL Pimentkörner
100 ml kräftiger
trockener Weißwein

1. Die Ochsenschwanzstücke kalt abspülen, mit Küchenpapier trocken tupfen und mit Salz und Pfeffer würzen.

2. Die Zwiebel schälen und fein hacken. Karotten und Sellerie putzen, schälen und in Stücke schneiden. Lauch putzen, längs halbieren, gründlich waschen und den hellen Teil in Ringe schneiden.

3. Butterschmalz in einem großen Topf erhitzen und die Ochsenschwanzstücke darin kräftig anbraten. Das Gemüse dazugeben und leicht anrösten. Das Wasser angießen, aufkochen lassen, den Schaum abschöpfen und die Hitze reduzieren.

4. Thymian waschen, Knoblauch schälen und beides zusammen mit dem Lorbeerblatt und den Pimentkörnern in die Brühe geben. Suppe 4 Stunden bei schwacher Hitze zugedeckt köcheln lassen.

5. Danach die Ochsenschwanzstücke aus der Brühe nehmen und abkühlen lassen.

6. Die Brühe durch ein feines Sieb abseihen und wieder in den Topf geben. Brühe erhitzen, den Wein zugießen und Suppe aufkochen lassen.

7. Währenddessen das Fleisch von den Ochsenschwanzstücken lösen und in kleine Würfel schneiden. In die Brühe geben und warm werden lassen.

Waldpilzsuppe mit Schnecken

DIE CREMIGE SUPPE MIT PILZEN UND SCHNECKEN EIGNETE
SICH PERFEKT ALS ERSTER GANG EINES ÜPPIGEN MAHLES.

ZUTATEN FÜR 4 PORTIONEN

500 g gemischte Pilze (zum Beispiel Pfifferlinge, Steinpilze, Champignons)
6 Schalotten
1 Knoblauchzehe
75 g Butter
5 EL Olivenöl
12 Weinbergschnecken (aus der Dose)
600 ml Gemüsebrühe
375 ml Weißwein
Salz
frisch gemahlener Pfeffer
¼ Bund Petersilie

1. Die Pilze mit einem Küchenpapier säubern, putzen und 450 g davon fein hacken. Die Schalotten und den Knoblauch schälen und fein würfeln.

2. Butter und 1 EL Öl in einer Pfanne erhitzen. Die Weinbergschnecken abtropfen lassen, in dünne Scheiben schneiden und kurz in der Pfanne schwenken, dann herausnehmen und zur Seite stellen.

3. Schalotten und Knoblauch in die Pfanne geben und 5 Minuten dünsten. Die gehackten Pilze dazugeben und 5 Minuten garen.

4. Brühe und Weißwein angießen, aufkochen lassen, die Hitze reduzieren und alles 20 Minuten köcheln lassen.

5. Währenddessen die restlichen Pilze in Scheiben schneiden und mit dem restlichen Öl in einer Pfanne andünsten.

6. Die Suppe mit dem Stabmixer pürieren und mit Salz und Pfeffer abschmecken.

7. Die Schnecken in die Suppe geben und darin erwärmen, aber keinesfalls kochen lassen.

8. Die Petersilie waschen, trocken schütteln und fein hacken. Die Suppe in Schälchen anrichten, mit Petersilie bestreuen und die angedünsteten Pilze obenauf legen.

Würzige Gerstensuppe

Bei einem Festmahl wurden immer wieder neue
Speisen aufgetragen, um die Gäste zu verwöhnen.
Eine würzige Gerstensuppe durfte dabei natürlich nicht fehlen.

Zutaten für 4 Portionen

2 mittelgroße
  Zwiebeln
150 g Karotten
100 g Knollensellerie
100 g Lauch
120 g Gerste
100 g Bauchspeck
2 EL Öl
1 ¼ l Gemüsebrühe
2 Lorbeerblätter
½ TL getrockneter
  Thymian
Salz
Pfeffer
½ Bund Petersilie

1. Die Zwiebeln schälen und in kleine Würfel schneiden.

2. Karotten und Sellerie putzen, schälen und ebenfalls in Würfel schneiden.

3. Den Lauch putzen, gut waschen und klein schneiden.

4. Die Gerstenkörner in einer Schüssel mit kaltem Wasser waschen und durch ein Sieb abseihen. Den Bauchspeck in kleine Stücke schneiden.

5. Öl in einem großen Topf erhitzen und die Zwiebelwürfel darin kurz andünsten. Speck hinzugeben und mit schmoren. Karotten- und Selleriewürfel in den Topf geben und anbraten.

6. Die Gerstenkörner hinzugeben und die Brühe angießen. Lorbeerblätter und Thymian zugeben und die Suppe aufkochen lassen. Dann Hitze reduzieren und Suppe zugedeckt 35 Minuten köcheln lassen. Lauch zugeben und alles weitere 15 Minuten köcheln lassen. Die Lorbeerblätter entfernen und die Suppe mit Salz und Pfeffer würzen.

7. Petersilie waschen, trocken schütteln und hacken. Suppe mit Petersilie bestreut servieren.

Leichte Hochzeits-Lauchsuppe

EINE LEICHTE LAUCHSUPPE WAR DER PERFEKTE START FÜR EIN AUSGIEBIGES HOCHZEITSMAHL. SO KONNTE DER FESTSCHMAUS BEGINNEN!

ZUTATEN FÜR 4 PORTIONEN

1 ½ Stangen Lauch
350 g Zwiebeln
2 EL Butter
Salz
Pfeffer
1 TL Zucker
100 ml trockener
   Weißwein
800 ml Gemüsebrühe
1 EL Koriandersamen
2 TL Weißweinessig
½ Bund Petersilie

1. Den Lauch putzen, längs halbieren, waschen und in 1 cm dicke Streifen schneiden. Die Zwiebeln schälen, halbieren und in schmale Streifen schneiden.

2. Butter in einem Topf zerlassen und Zwiebeln und Lauch darin 5 Minuten anschwitzen. Mit Salz, Pfeffer und Zucker würzen und 10 Minuten garen lassen.

3. Wein und Brühe angießen. Die Koriandersamen grob zerstoßen, in den Topf geben und Suppe 10 Minuten köcheln lassen. Mit Weißweinessig abschmecken.

4. Die Petersilie waschen, trocken schütteln und hacken. Die Suppe mit Petersilie bestreut servieren.

Eiersuppe mit Käse

EINE DURCH UND DURCH SÄTTIGENDE SUPPE!
DAFÜR SORGEN DER PIKANTE KÄSE UND DIE WÜRZIGEN EIER.

ZUTATEN FÜR 4 PORTIONEN

4 Eier
4 EL Zitronensaft
1 EL Pfeffer
1 EL Salz
1 kg Havartikäse
1 l Gemüsebrühe
6 EL Butter
1 Bund Petersilie

1. Die Eier in einem Topf mit Wasser hart kochen, mit kaltem Wasser abschrecken und dann pellen. Eier halbieren, mit Zitronensaft beträufeln, mit Pfeffer und Salz bestreuen und zur Seite stellen.

2. Den Käse reiben.

3. Die Gemüsebrühe, die Butter und den geriebenen Käse in einen großen Topf geben und zum Kochen bringen. 1 Stunde bei mittlerer Hitze köcheln lassen.

4. Anschließend Topf vom Herd nehmen und die Eier in die Suppe geben und erwärmen.

5. In der Zwischenzeit die Petersilie waschen, trocken schütteln und grob hacken. Suppe mit Petersilie garniert servieren.

Grüne Suppe

IM MITTELALTER GALT SPINAT ALS LECKERE HEILPFLANZE GEGEN BLÄHUNGEN. SEINE BLÄTTER WURDEN AUCH ALS FIEBERSENKENDES MITTEL GENUTZT UND DIE SUPPE MIT DEM GRÜNEN SPINAT AUCH LIEBEVOLL DIE »GRÜNE SUPPE« GENANNT.

ZUTATEN FÜR 4 PORTIONEN

2 kg frischer Spinat
2 Stangen Lauch
1 l Gemüsebrühe
3 Eigelbe
130 ml Sahne
Salz
Pfeffer
gemahlener Ingwer
geriebene Muskatnuss

1. Den Spinat verlesen, waschen, abtropfen lassen und hacken. Den Lauch putzen, waschen und in feine Ringe schneiden.

2. Die Gemüsebrühe in einem Topf zum Kochen bringen, Spinat und Lauch zufügen und 10 Minuten köcheln lassen.

3. In einer Schüssel Eigelbe und Sahne mit dem Schneebesen verquirlen. Eiersahne in die Suppe einrühren und alles kurz aufkochen lassen.

4. Suppe mit Salz, Pfeffer und Ingwer abschmecken. Vor dem Servieren mit etwas Muskat bestreuen.

Karottensuppe

Erst im 17. Jahrhundert soll es den Holländern gelungen sein, die heute bekannte orangefarbene Karotte zu züchten. Im Mittelalter wurde in Europa eine weisse Karotte angebaut, die heute kaum noch auf den Märkten zu finden ist.

Zutaten für 4 Portionen

2 cm frischer Ingwer
1 Zwiebel
1 Knoblauchzehe
800 g Karotten (gerne in verschiedenen Farben)
1 EL Öl
800 ml Gemüsebrühe
100 ml Sahne
Salz
weißer Pfeffer
1 Prise Zucker
½ Bund Schnittlauch

1. Ingwer, Zwiebel und Knoblauch schälen und fein hacken. Die Karotten putzen, schälen und grob hacken.

2. Öl in einem großen Topf erhitzen und Ingwer, Zwiebeln, Knoblauch und Karotten darin kurz andünsten. Gemüsebrühe angießen, aufkochen lassen und die Suppe dann bei reduzierter Hitze 20 Minuten köcheln lassen.

3. Die Suppe mit dem Stabmixer pürieren, dann die Sahne unterrühren und erwärmen. Mit Salz, Pfeffer und Zucker würzen.

4. Den Schnittlauch waschen, trocken schütteln und klein schneiden. Vor dem Servieren die Suppe mit Schnittlauch bestreuen.

Goldene Suppe

DIE GOLDENE SUPPE WAR VON KEINER MITTELALTERLICHEN TAFEL WEGZUDENKEN. SIE GALT DAMALS ABER AUCH ALS KLASSISCHE HEILNAHRUNG FÜR KRANKE UND GENESENDE. EINE POWER-SUPPE ZUR NEUBELEBUNG VON KÖRPER UND GEIST!

ZUTATEN FÜR 4 PORTIONEN

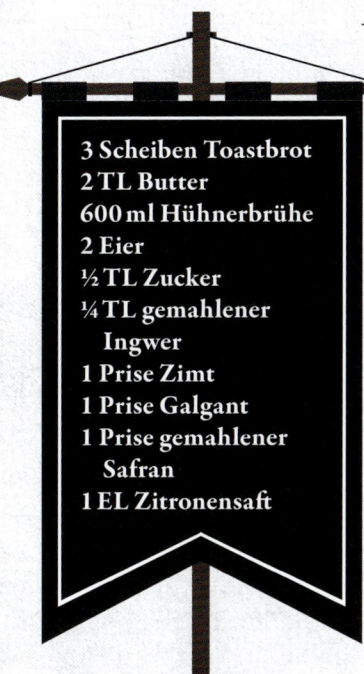

3 Scheiben Toastbrot
2 TL Butter
600 ml Hühnerbrühe
2 Eier
½ TL Zucker
¼ TL gemahlener
    Ingwer
1 Prise Zimt
1 Prise Galgant
1 Prise gemahlener
    Safran
1 EL Zitronensaft

1. Das Toastbrot würfeln. Butter in einer Pfanne schmelzen lassen, die Brotwürfel darin rundum anrösten und beiseitestellen.

2. Die Hühnerbrühe in einem Topf aufkochen lassen, dann die Hitze auf mittlere Stufe reduzieren.

3. In einer großen Schüssel Eier, Zucker, Ingwer, Zimt, Galgant und Safran mit dem Schneebesen verquirlen, dann langsam unter Rühren die heiße Hühnerbrühe zugießen.

4. Suppe wieder in den Topf füllen, die Toastwürfel hineingeben und alles sanft erhitzen. Den Zitronensaft einrühren und die Suppe servieren.

Tipp

Galgant gehört zur Familie der Ingwergewächse. Frisch schmeckt er allerdings etwas milder als Ingwer.

Bier-Birnen-Suppe

DIE FRÜCHTE DES BIRNBAUMS WAREN BEGEHRT, WEIL SIE ALS HEILSAM GALTEN. DARÜBER HINAUS BOTEN SICH DIE LECKEREN BIRNEN NATÜRLICH AUCH FÜR EINE SÜSSE MAHLZEIT AN. ODER, WIE BEI DIESER SUPPE, DIE MIT BIER ANSTATT BRÜHE GEKOCHT WIRD, FÜR EINE BESONDERS AUSGEFALLENE SPEISE.

ZUTATEN FÜR 4 PORTIONEN

6 Birnen
250 ml Bier
2 TL Honig
Pfeffer
1 cm frischer Ingwer
1 TL Zimt
200 ml Raps- oder
    Sonnenblumenöl

1. 5 Birnen schälen, entkernen und in Würfel schneiden.

2. Das Bier in einen Topf geben und erhitzen. Die Birnen-würfel zugeben und alles bei mittlerer Hitze 10 Minuten köcheln lassen. Dann mit dem Stabmixer pürieren und mit Honig und Pfeffer würzen. Weitere 10 Minuten köcheln lassen.

3. Den Ingwer schälen, fein reiben und zusammen mit dem Zimt in die Suppe rühren. Die Suppe warm halten.

4. Die restliche Birne waschen, entkernen und in feine Scheiben schneiden. Das Öl in einer Pfanne erhitzen und die Birnen-scheiben darin von beiden Seiten goldbraun frittieren. Aus der Pfanne heben und auf Küchenpapier abtropfen lassen.

5. Die Suppe mit den frittierten Birnenscheiben garniert servieren.

Kalte Rote-Bete-Suppe

DIE VOLANTENER BEREITETEN AUS ROTEN BETEN GERNE EINE KALTE SUPPE ZU.
ROTE BETE IST ROT, BLUT AUCH, DAHER DACHTE MAN, DASS DAS GEMÜSE GUT
FÜR DEN BLUTKREISLAUF SEI. UND SO WURDE ES ALS MITTEL GEGEN ALLERLEI
BLUTLEIDEN EINGESETZT. AUCH WENN DIE WIRKUNG VIELLEICHT FEHLT, GUT
GEKÜHLT IST DIESE SUPPE EINE WUNDERBARE ERFRISCHUNG.

ZUTATEN FÜR 4 PORTIONEN

1 l kalter Kefir
200 ml saure Sahne
2 kleine Salatgurken
3 Frühlingszwiebeln
3 Rote Bete, gekocht
Salz
Pfeffer
½ Bund Dill

1. Kefir und saure Sahne in eine große Schüssel geben.

2. Die Salatgurken waschen, putzen und in kleine Würfel schneiden. Die Frühlingszwiebeln putzen, waschen und fein hacken. Die vorgekochten Roten Beten klein würfeln.

3. Salatgurken, Frühlingszwiebeln und Rote Bete zur Kefir-mischung geben und gut verrühren. Mit Salz und Pfeffer würzen. Am besten die Mischung über Nacht im Kühl-schrank durchziehen lassen.

4. Am nächsten Tag den Dill waschen, trocken schütteln, hacken und mit der Suppe servieren.

BROTE &
BEILAGEN

Gebratene Maispuffer

DASS TYRION EINE GROSSE SCHWÄCHE FÜR AUSGIEBIGE TRINKGELAGE HAT, IST SICHERLICH KEIN GEHEIMNIS! STEHEN ABER DIESE LECKEREN MAISPUFFER AUF DER TAFEL, GILT SEINE GANZE AUFMERKSAMKEIT DEN KLEINEN BRATLINGEN.

ZUTATEN FÜR 6 PORTIONEN

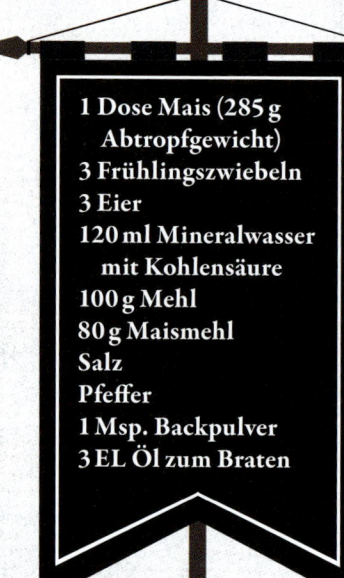

1 Dose Mais (285 g Abtropfgewicht)
3 Frühlingszwiebeln
3 Eier
120 ml Mineralwasser mit Kohlensäure
100 g Mehl
80 g Maismehl
Salz
Pfeffer
1 Msp. Backpulver
3 EL Öl zum Braten

1. Den Mais durch ein Sieb abgießen und abtropfen lassen.

2. Die Frühlingszwiebeln putzen, waschen und grob hacken.

3. In einer Schüssel die Eier und das Mineralwasser mit dem Schneebesen verquirlen.

4. In einer zweiten Schüssel Mehl, Maismehl, Salz, Pfeffer und Backpulver vermischen und dann unter die Eiermasse rühren. Mais und Frühlingszwiebeln unterheben.

5. Öl in einer beschichten großen Pfanne erhitzen. Mit einem Esslöffel Teig in die Pfanne geben, etwas flach streichen und die Puffer von beiden Seiten goldbraun braten.

Butterkarotten

CERSEIS TAFEL WAR OHNE ZWEIFEL IMMER EIN KULINARISCHES ERLEBNIS!
BESONDERS DIE BUTTERKAROTTEN BLIEBEN ALLEN GÄSTEN IM GEDÄCHTNIS.

ZUTATEN FÜR 4 PORTIONEN

750 g junge Karotten
3 TL Olivenöl
50 g Butter
1 TL Salz
½ TL gemahlener
   Kreuzkümmel

1. Den Backofen auf 180 °C Umluft vorheizen.

2. Die Karotten putzen, waschen, mit Küchenpapier trocken reiben und mit Olivenöl einstreichen. Dann in eine Auflaufform legen.

3. Die Butter in einer Pfanne schmelzen lassen und mit Salz und Kreuzkümmel würzen. Die flüssige Butter über die Karotten gießen und diese im Ofen 15–20 Minuten garen, bis sie weich, aber noch bissfest sind.

Brennnesselbrot

Die Brennnessel wird oft unterschätzt und ist viel mehr als nur ein lästiges Unkraut. Schon im Mittelalter war sie ein begehrtes Hausmittel für viele Alltagsbeschwerden. Und wenn es in der grossen Halle von Winterfell nach gebratenem Fleisch und frischem Brot roch, dann hatte sicher auch jemand ein Brennnesselbrot gebacken.

Zutaten für 1–2 Brote

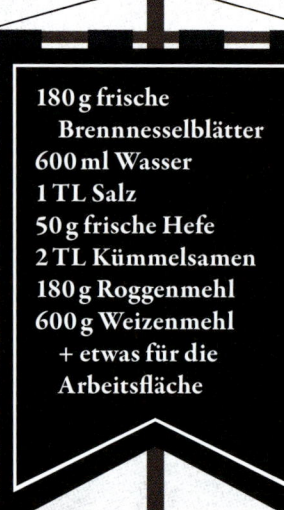

180 g frische Brennnesselblätter
600 ml Wasser
1 TL Salz
50 g frische Hefe
2 TL Kümmelsamen
180 g Roggenmehl
600 g Weizenmehl
+ etwas für die Arbeitsfläche

1. Die Brennnesselblätter waschen, trocken schütteln und fein hacken.

2. Das Wasser in einem Topf lauwarm erhitzen und dann in eine Schüssel füllen.

3. Salz, Hefe, Kümmel und gehackte Brennnesseln in das lauwarme Wasser einrühren. Die beiden Mehlsorten zugeben und alles mit den Händen kräftig durchkneten. Den Teig zu einer Kugel formen und abgedeckt an einem warmen Ort 1 Stunde gehen lassen.

4. Den Teig nochmals durchkneten und auf einer bemehlten Arbeitsfläche je nach Wunsch zu 1 oder 2 runden Laiben formen. Brote auf ein mit Backpapier ausgelegtes Backblech geben und nochmals 30 Minuten zugedeckt gehen lassen.

5. Den Backofen auf 180 °C Ober-/Unterhitze vorheizen.

6. Die Brotlaibe in 40–50 Minuten im Backofen goldbraun backen.

Haferbrot Königsmund

EIN HEISSES HAFERBROT, GEFÜLLT MIT DATTELN, ÄPFELN UND ORANGEN … WAS FÜR EIN BETÖRENDER DUFT! TYRION WAR VERZAUBERT, DENN KÖNIGSMUND, EHER ALS STINKENDE STADT BEKANNT, HATTE FÜR FEINE NASEN SONST NICHT VIEL ZU BIETEN.

ZUTATEN FÜR 1 BROT

450 g Hafermehl
175 g zarte Haferflocken
2 TL Backpulver
1 TL Natron
20 g Zucker
1 TL Salz
1 Ei
400 g Vollmilchjoghurt
50 g Datteln
50 g getrocknete Apfelscheiben
50 g kandierte Orangenschale
etwas Mehl für die Arbeitsfläche
1–2 EL Wasser

1. Mehl, 150 g Haferflocken, Backpulver, Natron, Zucker und Salz in einer großen Schüssel gut vermengen.

2. Ei und Joghurt in einer zweiten Schüssel mit dem Handrührgerät verrühren, zur Mehlmischung geben und alles zu einem Teig verkneten.

3. Den Backofen auf 200 °C Umluft vorheizen.

4. Datteln, Apfelscheiben und Orangenschale klein schneiden und unter den Teig heben. Auf einer bemehlten Arbeitsfläche aus dem Teig 1 Brotlaib formen und diesen auf ein mit Backpapier belegtes Backblech setzen. Den Laib mit etwas Wasser bestreichen und mit den restlichen Haferflocken bestreuen.

5. Brot im Ofen 40 Minuten backen.

Räucherlachstörtchen

WAS FÜR EINE HOCHZEIT! WÄHREND GESÄNGE ERKLANGEN UND AKROBATEN DAS PUBLIKUM VERZAUBERTEN, SERVIERTE MAN FRISCHE TÖRTCHEN DIREKT AUS DEM OFEN. VORSICHT, HEISS!

ZUTATEN FÜR 6 TÖRTCHEN, DURCHMESSER 10 CM, ODER 1 TARTEFORM, DURCHMESSER 26 CM

FÜR DEN TEIG

200 g Weizenmehl
100 g Butter + etwas für die Formen
1 Ei
2 EL Milch
1 Prise Salz

FÜR DEN BELAG

300 g Räucherlachs in Scheiben
750 g Lauch
2 EL Butter
4 Eier
6 EL Crème fraîche
½ TL Salz
½ TL Pfeffer
1 Prise geriebene Muskatnuss
1 TL Zitronensaft

1. Für den Teig Mehl, Butter, Ei, Milch und Salz in eine Schüssel geben und mit dem Handrührgerät zu einem Teig verkneten. Teig zu einer Kugel formen, in Klarsichtfolie wickeln und 30 Minuten im Kühlschrank ruhen lassen.

2. Währenddessen den Lachs in feine Streifen schneiden.

3. Den Lauch putzen, waschen und in feine Ringe schneiden. Butter in einer Pfanne erhitzen und den Lauch darin 5 Minuten garen.

4. In einer Schüssel Eier und Crème fraîche mit dem Schneebesen verquirlen, Lauch und Lachs unterheben und die Mischung mit Salz, Pfeffer, Muskat und Zitronensaft würzen.

5. Den Backofen auf 180 °C Umluft vorheizen.

6. Die gefetteten Formen mit dem Teig auskleiden und die Gemüse-Lachs-Mischung einfüllen. Törtchen im Ofen 30 Minuten backen.

Warmes Fladenbrot

Ein warmes Fladenbrot – allein bei dem Gedanken lief den Kriegern schon das Wasser im Mund zusammen. Und wenn es dazu noch Oliven, Käse und Kichererbsenbrei gab, war der Genussmoment perfekt.

Zutaten für 2 Brote

300 ml lauwarmes
    Wasser
20 g frische Hefe
1 TL Zucker
450 g Mehl + etwas
    für Arbeitsfläche
    und Blech
2 TL Salz
3 EL Olivenöl
2 TL Hartweizengrieß
1 Eigelb
Schwarzkümmelsa-
    men zum Bestreuen
Sesamsamen zum
    Bestreuen

1. Wasser, Hefe und Zucker in einer Schüssel verrühren und 15 Minuten zugedeckt ruhen lassen.

2. Mehl und Salz in einer großen Schüssel vermengen und eine tiefe Mulde in der Mitte eindrücken.

3. 1½ EL Olivenöl und die Hefemischung in die Mulde gießen. Die Zutaten mit dem Handrührgerät verkneten, bis ein luftiger Teig entstanden ist. Teig abgedeckt 60 Minuten an einem warmen Ort gehen lassen.

4. Den Teig auf einer bemehlten Arbeitsfläche noch einmal durchkneten und 2 runde Fladen mit je ca. 18 cm Durchmesser daraus formen.

5. Ein Backblech mit Backpapier auslegen und mit Hartweizengrieß und 2 TL Mehl bestreuen. Die Fladen mit etwas Abstand zueinander darauflegen und weitere 30 Minuten gehen lassen. Finger in etwas Olivenöl dippen und das typische Gittermuster in die Fladenbrote drücken. Das Eigelb in einer Tasse mit dem restlichen Olivenöl vermengen und die Fladen damit bepinseln. Mit Schwarzkümmel- und Sesamsamen bestreuen.

6. Den Backofen auf 250 °C Ober-/Unterhitze vorheizen, das Blech hineinschieben, die Temperatur auf 220 °C reduzieren und die Fladen in ca. 20 Minuten goldbraun backen.

7. Nach dem Herausnehmen die Fladen mit einem feuchten Küchentuch bedecken, damit sie schön weich bleiben. Noch warm servieren.

Brei aus Kichererbsen

WER ZUM WARMEN FLADENBROT VON SEITE 65 NOCH EINEN
DIPP BENÖTIGT, WIRD DIESEN CREMIGEN BREI LIEBEN.

ZUTATEN FÜR 2 PORTIONEN

- 350 g getrocknete
  Kichererbsen
- 3 Knoblauchzehen
- 2 Zitronen
- 150 g Tahin
  (Sesammus)
- ½ TL gemahlener
  Kreuzkümmel
- 4 EL Olivenöl
- Salz
- ½ Bund Petersilie

1. Die Kichererbsen in eine Schüssel mit Wasser legen, sodass sie ganz damit bedeckt sind. Am besten über Nacht quellen lassen.

2. Am nächsten Tag die Kichererbsen durch ein Sieb abseihen und gut spülen, dann mit Wasser bedeckt in einem Topf 40 Minuten köcheln lassen. Danach nochmals abseihen, spülen und abtropfen lassen.

3. Den Knoblauch schälen und pressen. Die Zitronen auspressen.

4. Kichererbsen, Knoblauch, Tahin, Kreuzkümmel, 2 TL Olivenöl und Salz in eine Schüssel geben und alles mit dem Stabmixer pürieren. Dabei nach und nach den Zitronensaft zugeben, bis die gewünschte Konsistenz erreicht ist.

5. Die Petersilie waschen, trocken schütteln und hacken. Vor dem Servieren den Kichererbsenbrei mit Petersilie bestreuen und mit dem restlichen Olivenöl beträufeln.

Castle-Black-Salat

BOWEN MARSH MOCHTE DEN SALAT MIT DEN KNUSPRIGEN KICHERERBSEN. OB DIESER SEINE LETZTE MAHLZEIT WAR, BEVOR ER WEGEN DES VERRATES AN JON SCHNEE HINGERICHTET WURDE, IST ALLERDINGS UNBEKANNT.

ZUTATEN FÜR 4 PORTIONEN

400 g junger Spinat
oder Blattspinat
100 g Rübstiel
(Stielmus)
1 rote Zwiebel
6 Cocktailtomaten
2 Dosen Kichererbsen
(à 265 g)
6 EL Olivenöl
½ TL gemahlener
Kreuzkümmel
1 Prise Currypulver
1 TL Senf
2 EL Apfelessig
Salz
Pfeffer
1 Prise Zucker

1. Spinat und Rübstiel putzen, waschen und gründlich trocken schütteln. Die Zwiebel schälen und fein hacken. Die Cocktailtomaten waschen und halbieren.

2. Die Kichererbsen in ein Sieb abgießen, mit Wasser spülen und abtropfen lassen. In einer Pfanne 3 EL Öl erhitzen und die Kichererbsen darin von allen Seiten goldbraun braten. Mit Kreuzkümmel und Currypulver würzen.

3. Anschließend Spinat, Rübstiel, Zwiebelwürfel, Tomaten und Kichererbsen auf Teller verteilen.

4. Aus dem restlichen Olivenöl, Senf und Apfelessig in einer Schüssel ein Dressing anrühren und mit Salz, Pfeffer und Zucker würzen. Den Salat mit Dressing beträufelt servieren.

Festmahlsalat

EIN LEICHTER SALAT WAR EINE WILLKOMMENE ABWECHSLUNG ZWISCHEN ALL DEN SCHWEREN SPEISEN WIE GERSTENSUPPE UND WILDBRET.

ZUTATEN FÜR 4 PORTIONEN

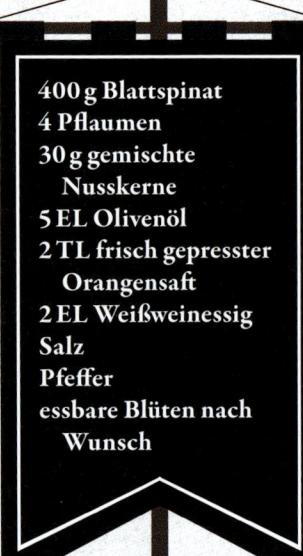

400 g Blattspinat
4 Pflaumen
30 g gemischte
   Nusskerne
5 EL Olivenöl
2 TL frisch gepresster
   Orangensaft
2 EL Weißweinessig
Salz
Pfeffer
essbare Blüten nach
   Wunsch

1. Den Blattspinat verlesen, waschen und trocken schütteln. Die Pflaumen waschen, halbieren, entkernen und in Spalten schneiden. Die Nusskerne grob hacken.

2. In einer Schüssel das Olivenöl mit dem Orangensaft und dem Weißweinessig zu einem Dressing verrühren. Mit Salz und Pfeffer würzen.

3. Den Spinat mit den Pflaumenspalten und den Nüssen in Schälchen anrichten, etwas Dressing darüberträufeln und mit essbaren Blüten garnieren.

Sommerlicher Gemüsesalat

LORD JANOS UND TYRION HATTEN EINEN FEUCHT-FRÖHLICHEN ABEND MIT LECKEREN SPEISEN: OCHSENSCHWANZSUPPE, GEMÜSESALAT UND SCHARFE KREBSPASTE BLIEBEN UNVERGESSLICH. SO UNVERGESSLICH, DASS LORD JANOS FAST TYRIONS KÖCHIN ABWERBEN WOLLTE.

ZUTATEN FÜR 4 PORTIONEN

1 Aubergine
1 Zucchini
8 EL Olivenöl
½ Fenchel
150 g Wildsalat
100 g kernlose
   Trauben
25 g Pekannüsse
3 EL Weißweinessig
Salz
Pfeffer
100 g Fetakäse
   (aus Kuhmilch)

1. Aubergine und Zucchini putzen, waschen und in Scheiben schneiden. 3 EL Olivenöl in einer Pfanne erhitzen und die Auberginen- und Zucchinischeiben darin von beiden Seiten anbraten. Dann auf Küchenpapier abtropfen und abkühlen lassen.

2. Den Fenchel putzen, dabei Stiele und das harte Endstück entfernen. Dann waschen und die Knolle ganz fein reiben. Den Wildsalat verlesen, waschen und trocken schütteln. Die Trauben waschen.

3. Den Wildsalat auf Teller verteilen und Trauben, Fenchel, Pekannüsse, Auberginen- und Zucchinischeiben daraufvlegen.

4. Für das Dressing in einer Schüssel das restliche Olivenöl mit Weißweinessig, Salz und Pfeffer verrühren. Dann über den Salat träufeln.

5. Den Fetakäse mit der Hand zerbröseln und auf den Salat streuen.

DESSERTS
& SÜSSES

Frittierte Apfelküchlein

Zum Frühstück ein paar Apfelküchlein? Warum nicht?
Jon schmeckte es, vor allem mit einem Stück deftiger Blutwurst dazu.

Zutaten für 12 Küchlein

3 Äpfel (zum Beispiel
Granny Smith)
Saft von 1 Zitrone
150 g Mehl
1 TL Backpulver
130 ml Milch
½ TL Zimt
1 Ei
25 g Butter
200 ml Öl zum
Frittieren

1. Die Äpfel waschen, mit einem Kernausstecher entkernen, in 5 mm dicke Scheiben schneiden und diese mit etwas Zitronensaft beträufeln.

2. In einer Schüssel Mehl, Backpulver, Milch, Zimt und Ei mit dem Schneebesen gut verrühren.

3. Butter in einem Topf schmelzen lassen und unter die Mehlmischung rühren.

4. Das Öl in einem Topf erhitzen.

5. Die Apfelringe mit feuchten Händen durch den Teig ziehen und im heißen Öl von jeder Seite 2 Minuten goldbraun frittieren.

Süße Blaubeertörtchen

Allein der Duft, der aus dem Backofen strömt, wenn die Blaubeertörtchen darin backen, ist schon so unwiderstehlich, dass ich gut verstehen kann, dass Sam einfach ein paar davon naschen musste.

ZUTATEN FÜR 6 TARTELETTES, DURCHMESSER 10 CM, ODER 1 TARTEFORM, DURCHMESSER 26 CM

FÜR DEN BODEN

250 g Mehl +
   etwas für die
   Arbeitsfläche
125 g Butter
50 g Zucker
40 g gemahlene
   Mandeln
1 Ei
1 Päckchen
   Vanillezucker
etwas Fett für die
   Formen
Linsen/Erbsen zum
   Blindbacken

FÜR DEN BELAG

120 g weiche Butter
120 g Zucker
150 g gemahlene
   Mandeln
2 Eier
1 TL Vanilleextrakt
500 g Blaubeeren
Puderzucker zum
   Bestäuben

1. Für den Teig Mehl, Butter, Zucker, Mandeln, Ei und Vanillezucker in eine Schüssel geben und mit den Händen zu einem glatten Teig verarbeiten.

2. Den Backofen auf 180 °C Umluft vorheizen.

3. Den Teig auf einer bemehlten Arbeitsfläche ausrollen und in die gefetteten Formen geben. Die Ränder glatt abschneiden. Den Boden mehrmals mit einer Gabel einstechen. Boden mit Backpapier bedecken und mit Linsen oder Erbsen beschweren. Teig im Ofen 10 Minuten vorbacken, dann Linsen und Backpapier entfernen und Teig weitere 10 Minuten backen. Abkühlen lassen.

4. Für den Belag in einer Schüssel Butter und Zucker mit dem Handrührgerät aufschlagen. Mandeln, Eier und Vanilleextrakt zugeben und verrühren.

5. Die Blaubeeren verlesen, waschen und mit Küchenpapier trocken tupfen.

6. Die Creme auf die vorgebackenen Teigböden verteilen und mit Blaubeeren bedecken. Die Tartelettes nochmals 30 Minuten im Ofen backen. Vor dem Servieren mit Puderzucker bestäuben.

Schmand-Aprikosentörtchen

ARYA WAR AUF DEM WEG DURCH DIE MEHLGASSE: VOR IHR EIN
ZWEIRÄDRIGER KARREN, VOLL BELADEN MIT KUCHEN UND TÖRTCHEN.
DIESER DUFT! SIE MUSSTE UNBEDINGT EIN TÖRTCHEN HABEN …

ZUTATEN FÜR 6 TARTELETTES, DURCHMESSER 10 CM, ODER 1 TARTEFORM, DURCHMESSER 26 CM

FÜR DEN TEIG

175 g Mehl
1 Prise Salz
75 g Puderzucker
½ TL Backpulver
75 g gemahlene
   Mandeln
1 Ei
75 g Butter
etwas Fett für die
   Formen
Mehl für die
   Formen und die
   Arbeitsfläche

FÜR DEN BELAG

100 g Schmand
75 ml Milch
1 Ei
5 EL Zucker
6 kleine Aprikosen
2 EL Mandelblättchen

1. Für den Teig Mehl, Salz, Puderzucker, Backpulver und die gemahlenen Mandeln in eine Schüssel geben und vermengen. Ei und Butter zugeben und mit dem Handrührgerät zu einem glatten Teig verkneten.

2. 6 Tarteletteförmchen einfetten und mit Mehl bestäuben. Den Teig in 6 gleich große Portionen teilen. Auf einer bemehlten Arbeitsfläche die Teiglinge rund (13–14 cm Ø) ausrollen oder mit der Hand flach drücken. Die Förmchen mit dem Teig auslegen, diesen am Rand festdrücken und den Teig 1 Stunde in den Kühlschrank stellen. Den Backofen auf 175 °C Umluft vorheizen.

3. Für den Belag Schmand, Milch, Ei und 2 EL Zucker in einer Schüssel mit dem Schneebesen verrühren.

4. Aprikosen waschen, mit Küchenpapier trocken tupfen und halbieren. Kerne entfernen und Fruchtfleisch in dünne Spalten schneiden. Den Teigboden in den Formen gleichmäßig mit dem restlichen Zucker bestreuen und die Aprikosenspalten darauf verteilen. Schmandguss darübergießen und die Törtchen im Backofen 20–25 Minuten backen (ggf. die letzten 8 Minuten mit Alufolie bedecken, falls die Törtchen zu braun werden).

5. Währenddessen die Mandelblättchen in einer Pfanne ohne Fett goldbraun rösten und abkühlen lassen.

6. Die Törtchen nach der Backzeit aus dem Ofen nehmen und auf einem Kuchengitter abkühlen lassen. Dann die Aprikosentörtchen aus den Förmchen heben und mit Mandeln bestreuen.

Zitronenkuchen mit Zuckerguss

DIE KLEINEN ZITRONENKUCHEN MIT ZUCKERGUSS LIEBTE SANSA EINFACH ÜBER ALLES. DIE KONNTE SIE SOGAR DANN NOCH GENIESSEN, WENN SIE SCHON SATT WAR.

ZUTATEN FÜR 6 KLEINE KUCHENFORMEN, 8 X 5 CM, ODER FÜR 10 MUFFINFÖRMCHEN

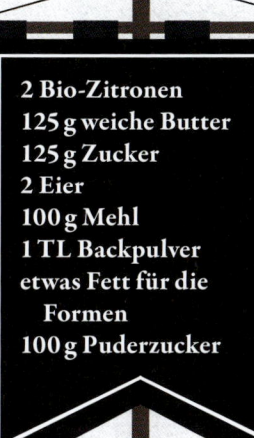

2 Bio-Zitronen
125 g weiche Butter
125 g Zucker
2 Eier
100 g Mehl
1 TL Backpulver
etwas Fett für die
    Formen
100 g Puderzucker

1. Den Backofen auf 180 °C Umluft vorheizen.

2. Die Zitronen heiß abwaschen, mit Küchenpapier trocken tupfen und die Schale abreiben. 1 Zitrone auspressen (die zweite wird später verwendet).

3. Butter und Zucker in einer Schüssel mit dem Handrührgerät schaumig schlagen.

4. Eier, Mehl, Backpulver, Zitronenabrieb und -saft zugeben und verrühren.

5. Den Teig in die gefetteten Förmchen verteilen und im Ofen 15–18 Minuten goldbraun backen. Dann die Küchlein vollständig abkühlen lassen.

6. Vor dem Servieren den Puderzucker in eine Schüssel geben. Die zweite Zitrone auspressen und den Saft langsam mit einem Löffel unter den Puderzucker rühren, bis ein dicker Zuckerguss entsteht. Den Zuckerguss über die kleinen Kuchen löffeln und fest werden lassen.

Gebackene Honig-Pfirsiche

Faulenzen, bis das Dienstmädchen klopft, um warmes Brot mit frischer Butter, Rindersuppe und als Nachtisch gebackene Pfirsiche mit Honig zu servieren. Hört sich das nicht gut an?

Zutaten für 4 Portionen

8 Pfirsiche
4 EL Butter
100 g Walnusskerne
150 g flüssiger Honig
50 g Zartbitterscho-
kolade

1. Den Backofen auf 220 °C Umluft vorheizen.

2. Die Pfirsiche waschen, halbieren und entsteinen. Die Pfirsich-hälften mit der Schnittfläche nach oben in eine Auflaufform setzen und Butter in Stückchen auf die Pfirsiche verteilen.

3. Die Walnusskerne grob hacken und über die Früchte streuen.

4. Pfirsiche mit Honig beträufeln und im Backofen 8 Minuten backen.

5. Inzwischen die Schokolade hobeln und vor dem Servieren über die Pfirsiche streuen.

Gebackene Äpfel

EIN FESTMAHL IM HAUS MANDERLY WAR LEGENDÄR: BRAVOURÖSE MUSIK UND GEBACKENE ÄPFEL MIT GEHACKTEN WALNÜSSEN UND DAZU VIEL STARKEN WEIN. AUCH WENN DER KOPF AM NÄCHSTEN TAG VON ZU VIEL WEIN SCHMERZEN SOLLTE, SO BLIEBEN DIE GEBACKENEN ÄPFEL AUF JEDEN FALL IN ERINNERUNG.

ZUTATEN FÜR 4 PORTIONEN

4 Äpfel (am besten Boskoop, Braeburn, Gala Royal, Holsteiner Cox oder Cox Orange)
1 TL Zimt
1 Bio-Orange
50 g Walnusskerne
250 g Magerquark
5 TL Honig

1. Den Backofen auf 180 °C Ober-/Unterhitze vorheizen.

2. Die Äpfel waschen und in der Mitte großzügig aushöhlen, dabei darauf achten, dass am Boden kein Loch entsteht. Die Innenseiten mit Zimt bestreuen.

3. Die Orange waschen, mit Küchenpapier trocken tupfen und die Schale dünn abreiben.

4. Die Walnüsse grob hacken und in einer Schüssel mit Quark, Orangenabrieb und Honig verrühren.

5. Die Äpfel mit der Quarkmasse füllen, in eine Auflaufform setzen und im Ofen 20 Minuten backen.

Liddles doppelte Haferplätzchen

LIDDLES HAFERPLÄTZCHEN WAREN LEGENDÄR: EINIGE WAREN SCHÖN FRUCHTIG MIT BROMBEEREN, ANDEREN GABEN PINIENKERNE EIN BESONDERS FEINES AROMA.

ZUTATEN FÜR CA. 40 PLÄTZCHEN

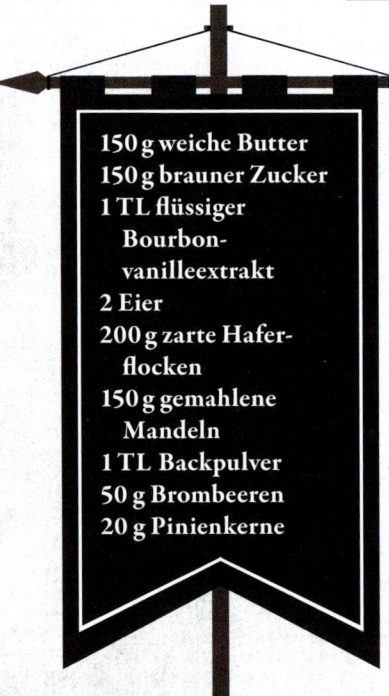

150 g weiche Butter
150 g brauner Zucker
1 TL flüssiger Bourbon-vanilleextrakt
2 Eier
200 g zarte Hafer-flocken
150 g gemahlene Mandeln
1 TL Backpulver
50 g Brombeeren
20 g Pinienkerne

1. Die Butter in einer Schüssel mit dem Handrührgerät schaumig schlagen und dann nach und nach Zucker und Vanilleextrakt untermischen. Die Eier einzeln einrühren.

2. In einer zweiten Schüssel die Haferflocken mit den Mandeln und dem Backpulver vermengen und diese Mischung dann unter den Teig rühren.

3. Die Brombeeren waschen, entstielen und klein schneiden.

4. Den Teig in zwei Portionen teilen. In eine Hälfte die Pinienkerne einkneten, die Brombeeren mit der anderen Hälfte vermengen.

5. Die Teigportionen zu 2 Rollen von je ca. 30 cm Länge formen und in Frischhaltefolie gewickelt mindestens 2 Stunden in der Gefriertruhe einfrieren.

6. Den Backofen auf 160 °C Umluft vorheizen.

7. Die Teigrollen in etwa 5 mm–1 cm dicke Scheiben schneiden und diese auf ein mit Backpapier belegtes Backblech setzen. Plätzchen im Ofen in 12–15 Minuten goldbraun backen.

Aryas Ziegenkäsetörtchen

EINE MISCHUNG AUS GESCHMOLZENEM KÄSE, GEHACKTEN NÜSSEN, ÄPFELN UND ROSINEN MIT DER SÜSSE AUS HONIG UND ORANGE – KLAR, DASS ARYA SICH EINES DAVON STIBITZTE.

ZUTATEN FÜR 6 TÖRTCHEN, DURCHMESSER 10 CM

FÜR DEN TEIG

250 g Mehl +
  etwas für die
  Arbeitsfläche
1 TL Salz
2 TL Zucker
10 g Palmin
60 g kalte Butter
100 ml kaltes Wasser

FÜR DIE FÜLLUNG

1 Granny-Smith-Apfel
1 Bio-Orange
1 TL Zimt
40 g Rosinen
40 g Cranberrys
30 g Mandeln
30 g Walnusskerne
40 g Ziegenkäse
30 g Frischkäse
2 TL Honig
Puderzucker zum
  Bestäuben

1. Den Backofen auf 180 °C Umluft vorheizen.

2. Für den Teig Mehl, Salz, Zucker und Palmin in eine Schüssel geben und mit den Händen verkneten. Butter würfeln und mit den Fingern in den Teig einarbeiten. So viel Wasser zugeben, bis der Teig schön durchfeuchtet ist. Teig in Klarsichtfolie packen und 45 Minuten in den Kühlschrank geben.

3. Für die Füllung den Apfel waschen, entkernen und würfeln. Die Orange waschen, mit Küchenpapier trocken tupfen und die Schale dünn abreiben. Mandeln und Walnusskerne grob hacken. Apfel und Orangenabrieb in einer Schüssel mit Zimt, Rosinen, Cranberrys, Mandeln, Walnüssen, Ziegenkäse, Frischkäse und Honig vermengen.

4. Den Teig in 6 Portionen teilen und die Teiglinge auf einer bemehlten Arbeitsfläche rund ausrollen. Teig in die Tarteförmchen geben und andrücken. 10 Minuten in der Gefriertruhe einfrieren.

5. Dann die Tartelettes mit der Käsemischung füllen und 20 Minuten im Backofen goldbraun backen. Vor dem Servieren mit Puderzucker bestäuben.

Geeiste Blaubeeren

WAS DURFTE AUF DEM TISCH DES LORD KOMMANDANTEN NIEMALS FEHLEN?
GANZ KLAR, DIE GEEISTEN BLAUBEEREN MIT SÜSSER SAHNE.

ZUTATEN FÜR 4 PORTIONEN

250 ml Sahne
1 Päckchen Vanille-
zucker
1 TL Vanilleextrakt
450 g TK-Blaubeeren

1. Die Sahne mit dem Vanillezucker und dem Vanilleextrakt in eine Schüssel geben und mit dem Handrührgerät steif schlagen.

2. Die Blaubeeren unter die Vanillesahne heben und servieren.

3. Wer möchte, kann das Ganze mit frischen Blaubeeren garnieren.

Sansas Sweet Biscuits

Nach dem Tod ihres Vaters wusch sich Sansa tagelang nicht. Ihre Mägde wischten ihr den Schmutz vom Rücken und wuschen ihr Haar. Ihr Magen rebellierte seit Tagen. Sie trank ein Glas Buttermilch und knabberte an den süssen Keksen, um ihren Bauch zu beruhigen.

Zutaten für ca. 24 Kekse

½ Bio-Zitrone
75 g weiche Butter
200 g Zucker
1 Ei
175 g Mehl
1 Prise Salz

1. Die Zitrone waschen, mit Küchenpapier trocken tupfen und die Schale dünn abreiben.

2. Die Butter und 150 g Zucker in einer Schüssel mit dem Handrührgerät schaumig schlagen. Ei, Zitronenschale, Mehl und Salz zugeben und verrühren.

3. Den Backofen auf 180 °C Umluft vorheizen und ein Backblech mit Backpapier auslegen.

4. Aus dem Teig mit einem Teelöffel Häufchen auf das Backblech setzen und leicht flach drücken. Die Kekse in 10 Minuten im Ofen goldbraun backen.

5. Nach dem Backen in dem restlichen Zucker wenden.

GETRÄNKE

Der grüne Minztrank

PROST! DIESER STÄRKENDE TRUNK MIT MINZGESCHMACK
SCHMECKT EISGEKÜHLT EINFACH AM BESTEN.

ZUTATEN FÜR 1 PORTION

Eiswürfel
30 ml Gin
60 ml Crème de
  Menthe
20 ml Zitronensaft
Mineralwasser mit
  Kohlensäure

Die Eiswürfel in ein großes Glas geben. Gin, Crème de Menthe und Zitronensaft dazugeben und alles mit Mineralwasser aufgießen.

Süße Zitronenlimonade

DIE ZITRONENLIMONADE STÖSST SO SCHNELL NIEMANDEN VOM THRON. IM SOMMER REGIERT SIE SCHON SEIT JAHRHUNDERTEN ALS KÖNIGIN DER ERFRISCHUNGSGETRÄNKE.

ZUTATEN FÜR 2½ LITER

6 Bio-Zitronen
200 ml Wasser
150 g Zucker
2 l Mineralwasser
  mit Kohlensäure
Eiswürfel

1. 2 Zitronen waschen und die Schale fein abreiben. Alle 6 Zitronen auspressen.

2. In einem Topf das Wasser zum Kochen bringen, Zucker und Zitronenabrieb zugeben und 2 Minuten köcheln lassen, bis der Zucker sich vollständig aufgelöst hat. Flüssigkeit abkühlen lassen.

3. Den Zitronensaft unterrühren. Den Sirup durch ein Sieb in eine Kanne abseihen und mit dem Mineralwasser aufgießen. Mit Eiswürfeln servieren.

Der Winter kommt

IM HAUSE STARK WAR MAN AUF DIE MINI-EISZEIT VORBEREITET. SCHON DIE ALTEN KÖNIGE TRANKEN ZU BEGINN AUF DIE BEVORSTEHENDE KALTE ZEIT.

ZUTATEN FÜR 1 PORTION

100 ml Tonic Water
30 ml Gin
2 TL Zitronensaft
1 kleiner Rosmarin-
**   zweig**

1. Tonic Water in einen Behälter geben und einfrieren.

2. Ein Glas für mindestens 2 Stunden in den Gefrierschrank stellen.

3. Nach 30 Minuten Tonic Water aus dem Gefrierschrank nehmen, die gefrorene Oberfläche mit einer Gabel zerstoßen und mit der restlichen Flüssigkeit vermengen. Wieder einfrieren und den Vorgang drei Mal wiederholen. Das gecrushte Eis in das gekühlte Glas geben.

4. Gin und Zitronensaft darübergießen, mit dem gewaschenen Rosmarinzweig garnieren und Drink sofort servieren.

Der Drink der Roten Priesterin

ERWECKTE DIE ROTE PRIESTERIN JEMANDEN WIEDER ZUM LEBEN,
SO WAR ETWAS BESONDERS STARKES ANGESAGT.

ZUTATEN FÜR 1 PORTION

60 ml Tequila
30 ml Granatapfelsaft
30 ml Cointreau
30 ml Limettensaft
Eiswürfel

1. Alle Zutaten außer den Eiswürfeln in einen Shaker geben und gut schütteln.

2. Ein großes Glas mit Eis füllen und mit der Mischung aufgießen.

Der blutige Bastard-Cocktail

NACH EINER LANGEN JAGD DURFTEN DIE MÄNNER SICH MIT DIESEM COCKTAIL BELOHNEN. MIT DEM JAGDMESSER ZOGEN SIE DIE HAUT DER ORANGEN AB UND VERSPEISTEN DIE SAFTIGEN STÜCKE.

ZUTATEN FÜR 1 PORTION

30 ml Limettensaft + etwas für das Glas
Salz
90 ml Blutorangensaft
60 ml Tequila
30 ml Zuckersirup
Eiswürfel

1. Ein Glas in etwas Limettensaft tunken und dann in Salz dippen, sodass der Rand damit überzogen ist.

2. Blutorangen-, Limettensaft, Tequila und Zuckersirup in einen Shaker geben und 20 Sekunden schütteln.

3. Ein paar Eiswürfel in ein Glas füllen und mit der Mischung aufgießen.

Red-Wedding-Punsch

EIGENTLICH SOLLTE DIE HOCHZEIT IN WESTEROS DER SCHÖNSTE TAG IM LEBEN VON EDMURE UND ROSLIN WERDEN. DOCH DIE ROTE HOCHZEIT WAR NUR EINE VERSCHWÖRUNG UND ENDETE IN EINEM MASSAKER. SPEISEN UND GETRÄNKE SCHMECKTEN DENNOCH VORZÜGLICH.

ZUTATEN FÜR 1 ½ LITER

1 Bio-Orange
1 Bio-Zitrone
200 ml Brandy
250 ml Orangensaft
1 l Rotwein
Eiswürfel

1. Orange und Zitrone heiß abwaschen und in Scheiben schneiden.

2. Brandy und Obstscheiben in ein Gefäß füllen und 1 Stunde ziehen lassen.

3. Orangensaft und Rotwein zum Brandy gießen und weitere 30 Minuten ziehen lassen.

4. Zum Servieren Eis in ein großes Glas geben und den Punsch darübergießen.

Drachenmilch

Wie wäre es mit einem Glas Drachenmilch? Der Cocktail wird dir zwar nicht die Kraft eines Drachen verleihen, aber er macht einfach etwas her!

Zutaten für 1 Portion

½ Drachenfrucht
15 ml Limettensaft
15 ml Zuckersirup
45 ml Gin
Eiswürfel

1. Die Drachenfrucht schälen, das Fruchtfleisch würfeln und mit einer Gabel grob zerdrücken. Fruchtfleisch zusammen mit Limettensaft, Zuckersirup und Gin in einen Shaker geben und kräftig schütteln.

2. Eiswürfel in ein Glas füllen und mit der Mischung aufgießen.

Tipp

Zuckersirup ist einfach herzustellen: 400 ml Wasser und 500 g Zucker in einen Topf geben und unter Rühren so lange erhitzen, bis sich der Zucker vollständig aufgelöst hat (nicht kochen lassen). Sirup in Flaschen füllen und im Kühlschrank aufbewahren. Dort hält er sich sehr lange.

Tipp

Du kannst natürlich deinen Honigwein auch ganz traditionell selbst
herstellen. Halte dich dafür an das zweite Rezept auf Seite 113.

Honigwein

Missandei sprach neben Hochvalyrisch den vulgärvalyrischen Dialekt der Sklavenbucht, Dothrakisch und weitere 16 Sprachen. Vielleicht lag es am gesüssten Wein, dass ihr die Sprachen so schnell von den Lippen gingen.

Zutaten für 3 Portionen

400 ml halbtrockener Weißwein
5 EL Waldhonig
2 Limonen

1. Wein und Honig in einem Krug gut verrühren.

2. Die Limonen auspressen, den Saft zur Weinmischung geben und so lange umrühren, bis sich alles gründlich vermengt hat.

3. Am besten 1 Tag vorher zubereiten und eiskalt servieren.

Für 10 Liter Weinansatz benötigst du:

3 kg Bienenhonig
7 l Wasser
40 g Milchsäure
5 Stück Hefenährsalz-tabletten
1 Weinhefekultur
1 Apfel
1 l Apfelsaft
1 g Kaliumdisulfit

1. Den Honig mit dem Wasser in einem großen Topf vermischen und auf 50 °C erhitzen. So lange rühren, bis sich der Honig vollständig aufgelöst hat.

2. Die Mischung auf 25 °C abkühlen lassen, dann Milchsäure, Hefenährsalz und Weinhefe dazugeben.

3. Den Apfel waschen, entkernen und fein reiben. Dann zu der Mischung geben. Den Apfelsaft unterrühren.

4. Ein Gärgefäß mit der Mischung befüllen und mit dem Gäraufsatz verschließen. Das Gärgefäß einmal täglich schütteln. Je nach Standort ist die Gärung nach 2 bis 3 Monaten beendet.

5. Gefäß anschließend kühl stellen und von der Hefe abziehen. Dies geschieht mit Weinheber und Schlauch. Der Wein wird aus dem Gärgefäß abgesaugt und in ein anderes umgefüllt. Die Beschaffenheit des Weinhebers sorgt dafür, dass der Bodensatz im Gärballon verbleibt. Anschließend mit 1 g Kaliumdisulfit schwefeln.

Orangenwein

So unterschiedlich die grossen Häuser auch sein mochten, gegen einen aromatisierten Wein hatte keines etwas einzuwenden. Die hauchdünnen Orangenschalen dienen zum Aromatisieren von Speisen oder eben auch zum Würzen von Weisswein.

Zutaten für 1 Liter

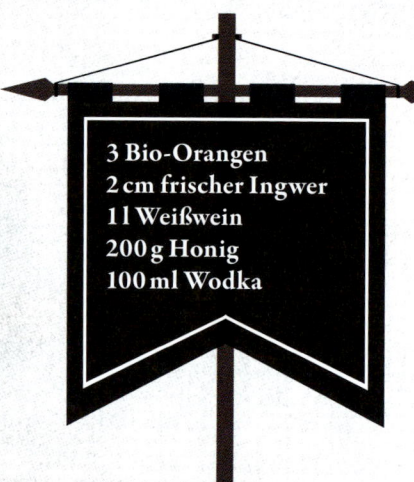

3 Bio-Orangen
2 cm frischer Ingwer
1 l Weißwein
200 g Honig
100 ml Wodka

1. Die Orangen waschen und mit Küchenpapier trocken reiben, die Schale dünn abschälen, dann klein würfeln. Den Ingwer schälen und fein reiben. Beides mit dem Weißwein in eine Kanne geben und verschlossen 2 Wochen lang ruhen lassen.

2. Danach Honig und Wodka einrühren, die Mischung durch ein Sieb abseihen und in eine saubere Flasche umfüllen.

Ingwer-Met

OHNE EINEN KRÄFTIGEN SCHLUCK MET GING AUCH ROBB NICHT INS BETT.
INGWER GIBT DIESEM HONIGWEIN EINEN EXTRA SCHARFEN KICK.

ZUTATEN FÜR 3 LITER

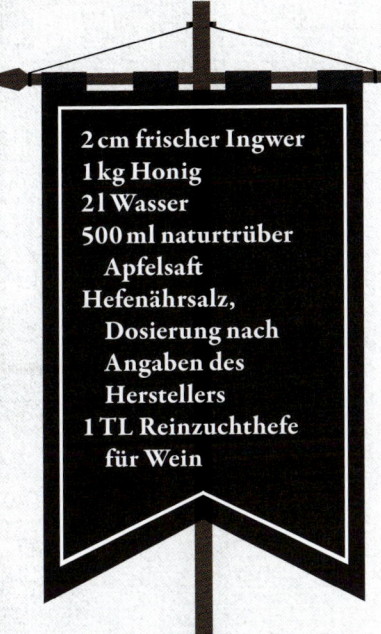

2 cm frischer Ingwer
1 kg Honig
2 l Wasser
500 ml naturtrüber
   Apfelsaft
Hefenährsalz,
   Dosierung nach
   Angaben des
   Herstellers
1 TL Reinzuchthefe
   für Wein

1. Den Ingwer schälen und mit dem Honig und dem Wasser in einen Topf geben. Mischung unter Rühren langsam auf 40 °C erhitzen. So löst sich der Honig am besten auf.

2. Apfelsaft und Hefenährsalz unterrühren und die Mischung auf 20 °C abkühlen lassen.

3. Die Hefe zugeben, den Ingwer entfernen und den Ansatz in eine Gärflasche füllen. Mit dem Gärverschluss verschließen und Wasser in den Verschluss füllen. Ansatz am besten bei einer Temperatur von 20–25 °C lagern.

4. Nach 1–2 Tagen bilden sich kleine Bläschen und das Gas entweicht über den Gärverschluss. Wichtig: Wegen der Gasbildung darf ein Gärbehälter niemals luftdicht verschlossen werden!

5. Den Ansatz täglich einmal kräftig schwenken bzw. leicht schütteln.

6. Nach 10–21 Tagen sollte die Gärung deutlich nachlassen. Den Met jetzt in Flaschen abfüllen. Die Trübstoffe setzen sich am Boden ab.

Über den Autor

Patrick Rosenthal hat schon früh die Liebe zum Reisen entdeckt. Eintauchen in andere Kulturen und Kochtöpfe wurden schnell zu einer großen Leidenschaft. Er nutzte das Angebot als Journalist Hotels auf der ganzen Welt zu testen und darüber zu schreiben.

Seine Liebe zum Kochen und Backen hat er vor einigen Jahren wiederentdeckt als seine Mutter verstarb. Die meiste Zeit seines Lebens war er rastlos. Immer auf der Suche nach etwas Neuen.

»Das war eine tolle Zeit, denn wenn man die Augen offenhält, sieht man so viel Wunderbares und erkennt aber auch, dass die Beständigkeit ein großes Geschenk sein kann,« so Rosenthal.

Und genau darum geht es ihm: Die Schönheit in etwas sehr Alltäglichen zu finden. Der Zubereitung von Speisen, das gemeinsame Essen mit Freunden, das Ausprobieren von neuen Produkten, das Reisen und das Fotografieren.

Das inoffizielle Kochbuch zu Game of Thrones ist Rosenthals viertes Kochbuch. Rosenthal arbeitet als Autor und Food-Fotograf, gibt Workshops für Blogger und Firmen im Bereich Social Media und ist erfolgreicher Blogger unter www.patrickrosenthal.de.

Danksagung

»FERTIG!« – rufe ich immer ganz laut, wenn so ein großes Projekt beendet ist. Also dann, wenn das letzte Foto geschossen und das letzte Rezept geschrieben ist.

»FERTIG!« – ist gleichzeitig mit großer Freude und auch mit Traurigkeit verbunden, denn in den letzten Wochen und Monaten war ich so fokussiert auf ein Thema, dass es zum Leben dazugehörte. Und nach einem »Fertig« gibt es eben dann auch ein Vermissen.

Während so einem Buchprojekt ist es für mich wichtig ganz alleine zu sein. Ich ziehe mich mit meinen Lebensmitteln und der Kamera zurück in die erste Etage des Hauses und bin für Stunden in Küche, Fotostudio und Büro verschwunden (während im Hintergrund natürlich meine Lieblingsserie läuft).

Aber so ganz alleine geht es ja dann doch nicht, denn die wichtigsten Menschen sind eigentlich die, die im Hintergrund arbeiten und unterstützen. Und daher freue ich mich einfach mal »DANKE« sagen zu dürfen.

DANKE an meine Lektorin Natascha, die die Zusammenarbeit so einfach und unkompliziert gemacht hat. Es war mir ein Fest, das Projekt mit dir gemeinsam zu stemmen.

DANKE an meine Freunde Sven, Uwe, Sandra, Sarah, »die Freis«, Dorothee … denn ihr stärkt mich (jeder auf seine Art) wie eine Familie.

DANKE an Jens, der mich »aushalten« kann (das ist nämlich nicht immer so einfach) und der in Windeseile mein Chaos in der Küche so beseitigen kann, als wäre nichts geschehen. Ich finde, das ist eine unglaubliche Gabe, die ich niemals besitzen werde.

DANKE an so viele tolle Menschen, die mich täglich inspirieren. Inspiration ist das größte Geschenk.

DANKE, dass du das Buch in den Händen hältst und dir sicherlich Gedanken darüber machst, wie erst meine Dankesrede klingen mag, sollte ich jemals einen Oscar gewinnen.

Rezeptregister

Bildnachweis